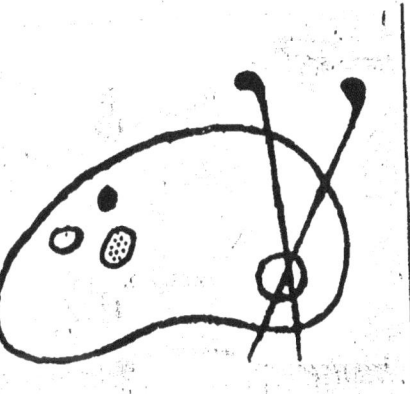

Début d'une série de documents en couleur

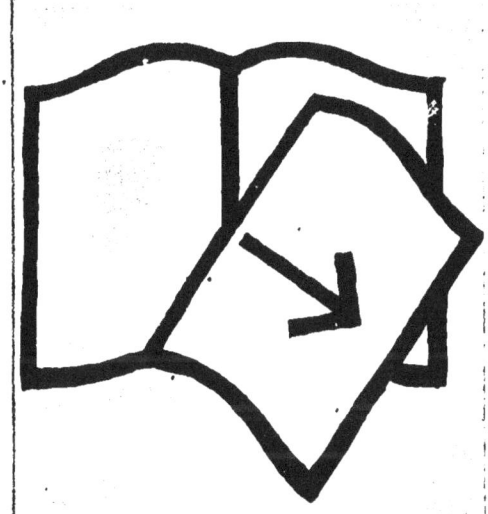

Couverture inférieure manquante

CARTULAIRE
DE L'ABBAYE
DE
SAINT-SAVIN
EN LAVEDAN

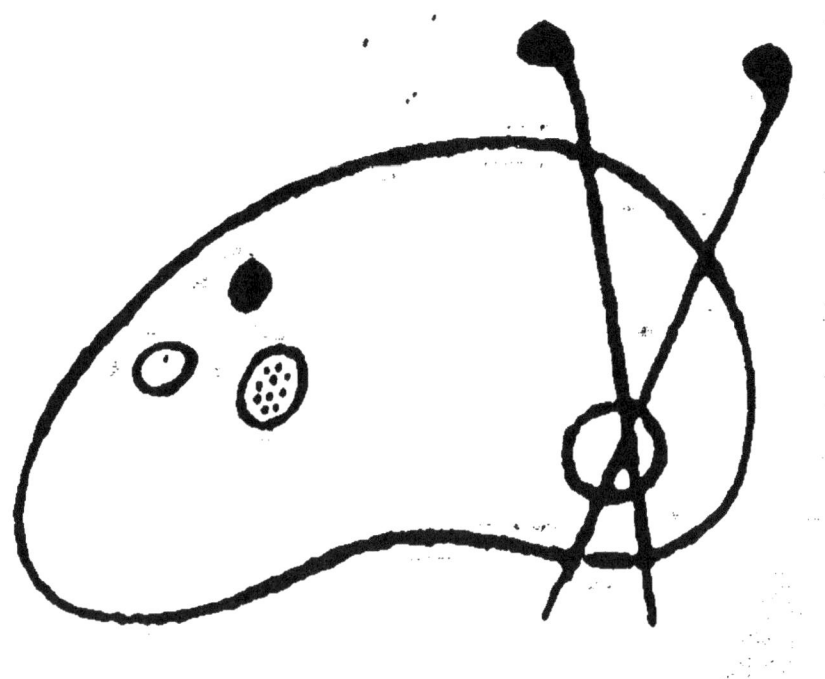

Fin d'une série de documents en couleur

CARTULAIRE DES HAUTES-PYRÉNÉES

I

CARTULAIRE

DE

L'ABBAYE DES BÉNÉDICTINS

DE

SAINT-SAVIN

EN LAVEDAN

(945-1175)

Publié par Charles DURIER

Ancien élève de l'Ecole des Chartes, Archiviste des Hautes-Pyrénées,

sous les auspices de la

SOCIÉTÉ DES BEAUX-ARTS

DE TARBES

Tiré à 300 exemplaires.

A PARIS   A TARBES
Chez H. CHAMPION   Chez E. VIMARD
15, QUAI MALAQUAIS.   7, PLACE MAUBOURGUET.

M.DCCC.LXXX

TARBES
IMPRIMERIE E. VIMARD, PLACE MAUBOURGUET, 7.

AVERTISSEMENT

Le Cartulaire de Saint-Savin, que nous publions aujourd'hui, se compose, comme le titre l'indique, de pièces comprises entre les années 945 et 1175. Malheureusement, l'original, très vraisemblablement de la fin du xII° ou du commencement du xIII° siècle, et qui existait encore dans les archives de l'abbaye en 1768, est disparu. Suivant Larcher (1), il était formé de seize feuillets de parchemin. Ce savant nous en a laissé deux copies, dont l'une appartient aux archives de la préfecture des Hautes-Pyrénées, et l'autre à la bibliothèque publique de Tarbes. Elles font partie l'une et l'autre du *Dictionnaire*

---

(1) Pierre Larcher, originaire de Picardie, fut chargé par les Etats de Bigorre de recueillir les anciennes chartes du pays, et cette compilation fut l'œuvre de toute sa vie. Mais il ne faudrait pas croire que la Bigorre eût seule attiré son attention : toute la province ecclésiastique d'Auch fut l'objet de ses études.

Le plus important des manuscrits qu'il nous a laissés est, sans contredit, son *Dictionnaire historique de la province ecclésiastique d'Auch*, composé de deux parties. La première formant le dictionnaire proprement dit, dont six volumes in-4° comprenant les lettres A, B, C, D, E, H, I, J, K, L, M, N, O, R, S, appartiennent aux archives de la préfecture de Tarbes ; et un septième volume composé des lettres T, U, V, X, Y et Z, est la propriété de M. X. Vaussenat, ingénieur civil à Bagnères. Nous ignorons ce que sont devenues les autres lettres. Il faut y ajouter trois volumes que l'on a reliés à part, en pensant à tort qu'ils formaient des ouvrages distincts ; ce sont les Cartulaires de Saint-Savin, de Saint-Pé et de *historique de la province ecclésiastique d'Auch*, dont nous parlons plus bas. Quelque mauvaises que soient ces copies, nous n'avons pas cru devoir rien changer au texte donné par cet érudit ; si donc certaines phrases sont incompréhensibles, il ne faudra pas s'en prendre à nous. L'une des deux copies de Larcher, celle qui est déposée aux archives départementales, est précédée d'une notice sur les abbés de Saint-Savin, et forme un petit volume in-4°. Cette notice ayant été reproduite à peu près textuellement par *M. Bascle de Lagrèze*, dans son excellente et très complète *Monographie de Saint-Savin de Lavedan* (Paris, — Didron, 1850, in-8°), pp. 65 à 89, nous n'avons pas cru devoir la donner de nouveau. Il nous a semblé suffisant,

---

Cominges. L'autre partie, intitulée *Glanages ou Preuves*, appartient à la bibliothèque communale de Tarbes. Elle forme vingt-cinq volumes in-8°, composés d'environ deux cents pièces chacun, ce qui fait un total de près de cinq mille documents. Ce recueil fut commencé en 1745.

Nous nous proposons, aussitôt après avoir achevé la publication des Cartulaires de Bigorre, de faire imprimer intégralement ce *Dictionnaire*, avec un choix des pièces justificatives, pourvu, toutefois, que le nombre des souscripteurs soit suffisant.

Outre ces précieux volumes, Larcher nous a laissé d'autres manuscrits qui appartiennent à différents propriétaires :

1° Aux archives départementales, un *Pouillé général de France* ;

2° A l'évêché de Tarbes, un *Pouillé du diocèse* ;

3° A M. Vaussenat, une *Histoire de Bigorre*.

Les personnes qui connaîtraient l'existence d'autres manuscrits de Larcher, nous rendraient un véritable service en nous les signalant.

pour l'intelligence du texte, de nous borner à donner la liste des abbés de Saint-Savin et des comtes de Bigorre, compris entre les dates extrêmes du Cartulaire.

On s'étonnera peut-être de ne pas voir figurer ici la charte d'union de Saint-Savin à l'abbaye de Saint-Victor, de Marseille (1er avril 1080). Mais cette pièce ne fait pas partie du Cartulaire que nous publions. D'ailleurs, elle a été publiée par *M. Guérard*, dans le *Cartulaire de Saint-Victor, de Marseille;* et elle fera partie d'un supplément qui renfermera toutes les chartes de Saint-Savin, antérieures à 1401, qui ne se trouvent pas au présent Cartulaire. Nous ferons suivre prochainement la publication de ce Cartulaire de celles des Cartulaires de l'évêché et du chapitre de Tarbes, de l'abbaye de Saint-Pé, de l'abbaye de l'Escaledieu, du prieuré de Madiran, etc.

L'autre copie du Cartulaire que nous publions se trouve au tome XXV des *Glanages*.

IV

Liste des abbés de Saint-Savin

DE 945 A 1175

v. 945. ENECO.

947-957. BERNARD I.

v. 980. GARSIAS.

v. 1036-1059. ARNAUD DE LAVEDAN.

1059-1080. BERNARD II.

S. A. BERNARD III.

1080. ODON.

v. 1083. EBRARD.

1105-1112. PIERRE I.

v. 1120. ARDOUIN.

v. 1130. GUILLAUME-ETIENNE.

AV. 1145. EMENO I.

1145-v. 1160. RAYMOND *de Mayrosio*.

v. 1167. A. RAYMOND DEUSDEDIT.

v. 1175. SANCHE.

Liste des comtes de Bigorre

? — apr. 947. Raymond I.

? — apr. 983. Garsie Arnaud I.

v. 1009. Louis.

? — av. 1036. Garsie Arnaud II.

v. 1038. Bernard-Roger.

v. 1038-v. 1065. Bernard I.

v. 1065-1080. Raymond II.

1080-v. 1096. Centod I (1).

v. 1096-1113. Bernard II.

1113-av. 1127. Centod II.

1127-1163. Béatrix et son mari Pierre de Marsan.

1163 — ? Centod III.

---

(1) Nous avons préféré l'orthographe *Centod*, qui est employée dans les quelques textes patois qui subsistent de cette époque, à la forme *Centule* ou *Centulle* qui dérive du latin *Centullus*, et qui a été employée jusqu'à présent par les historiens. Quelquefois, les textes patois portent *Centoret*.

CONCORDANCE

DES PIÈCES AVEC LES MANUSCRITS ET LES ÉDITIONS
QUI EN ONT ÉTÉ DONNÉS.

Pour la publication de ce Cartulaire, nous n'avons pas cru devoir adopter l'ordre qui y est suivi. Nous avons préféré ranger les pièces chronologiquement en mettant en tête le préambule, les deux historiques et le Pascal de Saint-Savin.

Voici d'abord la liste des imprimés et des manuscrits dont nous nous sommes servis :

I. MANUSCRITS. — 1° *Cartulaire de l'abbaye de Saint-Savin*, par Larcher. (*Archives des Hautes-Pyrénées.*)

2° *Glanages ou preuves*, recueillis par Larcher, tomes I, XIV et XXV. (*Bibliothèque de Tarbes.*)

II. LIVRES IMPRIMÉS. — 1° *Histoire de Béarn*, par Pierre de Marca (Paris, 1640, in-folio).

2° *Gallia Christiania (editio nova)*, (Parisiis, 1715, in-folio).

3° *Essais historiques sur le Bigorre*, par Davezac-Macayac (Bagnères, 1823, 2 in-8°.)

4° *Monographie de Saint-Savin de Lavedan*, par M. G. Bascle de Lagrèze. (Paris, 1850, in-8°.) —Cette monographie avait déjà paru sans nom

— VII —

d'auteur dans le journal l'*Echo des Vallées*, en janvier 1850.

5° *Vie de Saint-Savin*, par J. Abbadie. (Tarbes, 1861, in-8°.)

I. *MSS.* : 1° Cart. 33. — 2° Glan. xxv, 9.

II. *MSS.* : Cart. 41. — 2° Glan. xiv, 19 et xxv, 16. — *Impr.* : Marca. 805.

III. *MSS.* : 1° Cart. 45. — 2° Glan. xxv, 21.

IV. *MSS.* : 1° Cart. 36. — 2° Glan. xiv, 21. — *Impr.* : 1° Marca, 805. — 2° Davezac, I, 140.

V. *MSS.* : Cart. 33. — 2° Glan. xiv, 19. — *Impr.* : 1° Marca, 904. — 2° Gallia, I, 1248. — 3° Davezac, I, 139. — 4° Lagrèze, 12. — 5° (Trad. en français par Abbadie, 30) :

VI. *MSS.* : 1° Cart. 34. — 2° Glan. xiv, 20.

VII. *MSS.* : 1° Cart. 37. — 2° Glan. xxv, 11.

VIII. *MSS.* : 1° Cart. 40. — 2° Glan. xxv, 14.

IX. *MSS.* : 1° Cart. 34. — 2° Glan. xiv, 186.

X. *MSS.* : 1° Cart. 34. — 2° Glan. xiv, 186. — *Impr.* : Gallia, *Instr.* 193.

XI. *MSS.* : 1° Cart. 35. — 2° Glan. xxv, 9.

XII. *MSS.* : 1° Cart. 44. — 2° Glan. xxv, 20.

XIII. *MSS.* : 1° Cart. 43. — 2° Glan. xxv, 19.

XIV. *MSS.* : 1° Cart. 44. — 2° Glan. xxv, 23.

XV. *MSS.* : 1° Cart. 46. — 2° Glan. xxv, 19.

XVI. *MSS.* : 1º Cart. 40. — 2º Glan. xxv, 15.
XVII. *MSS.* : 1º Cart. 36. — 2º Glan. xxv, 10.
XVIII. *MSS.* : 1º Cart. 8. — 2º Glan. i, 236.
XIX. *MSS.* : 1º Cart. 38. — 2º Glan. xxv, 11.
XX. *MSS.* : 1º Cart. 34. — 2º Glan. xiv, 186. — *Impr.* : Gallia. *Instr.* 193.
XXI. *MSS.* : 1º Cart. 36. — 2º Glan. xxv, xii.
XXII. *MSS.* : 1º Cart. 39. — 2º Glan. xxv, 13.
XXIII. *MSS.* : 1º Cart. 39. — 2º Glan. xxv, 13.
XXIV. *MSS.* : 1º Cart. 37. — 2º Glan. v, 184.
XXV. *MSS.* : 1º Cart. 38. — 2º Glan. xxv, 12.
XXVI. *MSS.* : 1º Cart. 41. — 2º Glan. xxv, 15.
XXVII. *MSS.* : 1º Cart. 40. — 2º Glan. xxv, 14.

CARTULAIRE
DE
L'ABBAYE DES BÉNÉDICTINS
DE
SAINT-SAVIN EN LAVEDAN
(945-1175)

I. Préambule.

Expulso Paradisica sede larvæi hostis calliditatibus protoplaste, postquam proprio miser subjecit, tartareum cum chaos dominis placuit incurrere, ineffabiliter omnipotenti Deo, atque soliditatis tramitem est visum ostendere gradienti, procliviores lubrici........, virgineo Verbum inserens divinitus proprium thalamo. Quod ut christiana in autenticis continet exaratum opipare apicibus fides, peracto cursu, ad dexteram Patris, devicta potentialiter morte, residens, fideliumque mentes Sancto Flamine complens, visit ascire sibi, suoque jugo colla submittere gentes, quas invaserat insidiose zabulus cuter frendens. Itaque fuit successor apostolorum vir Savinus, vir vita venerabilis, doctrina admirabilis, miraculorum patrator ineffabilis, Levitanæ genti a Christo traditus, doctor exilis, ut fertur in ejus gestis, cujus in honore, ut est fama, post migrationem supradicti, ut traditur, dignus est patriis ad cælestia construxit mirifice.

II. Historique.

Carolus major Pipini filius coenobium [condidit], collectis in unum coenobialibus, qui redderent excelso sublimia vota Tonanti; sed, ut solet fieri, ignavia minus religiosorum videlicet virorum, evolutis multorum obliviose annorum curriculis, per auctam inscitiæ fomite improvidentiam paulatim decidendo, evenit casus illius donationis, ita ut nullo modo cernentibus occurreret vestigium pristinæ ædificationis. His igitur ita patratis, atque oblivionis multum nebulis diuque deditis, cernentes Raymundus, qui erat tunc temporis comes Bigorritanæ telluris, et Anermans et Anerils vice comites Levitanicæ vallis, summo cum studio curavere restituere, sicut prius fuerat, congregatis sub normam Benedicti patris non mediocriter cologeris, præponentes Enecum abbatem virum maximæ sanctitatis. Successores vero eorum, qui fuerunt Ludovicus comes, filius prefati comitis, ac Fortaner vicecomes, presidente tam manentibus in monasterio supra devenientes memorato, pacatum ac liberum eum cum suis villis et azellis, rejecta omni servili conditione, reddidere. Post illorum namque qui fuere successores, Guarsiarnaldus comes, filius patris supradicti comitis, et G. Garsias Fort, junctis secum proceribus, facta de rebus propriis donatione, statuerunt, residente illo in tempore Bernardo abbate, inefabilis viro nobilitatis, in catedra honoris. Preterea, excedentes isti jam dicti famosi viri e sæculo, successerunt Bernardus in comitatu, Guillem Fort et Ramon Guarsia nepos ejus in vicecomitatu, qui, conglobati in unum, locum sancti reliquiis Savini decorum sancientes, omni malignæ servitutis nexu liberum constituerunt, causaque tantæ bonitatis fuit sanctæ Deo juvante memoriæ Arnaldus abbas, filius supradicti Guillem Fort, qui locum magnifico longe, prout potuit, lateque dilatavit. Denique peractis funebrique cunctis limite ceptis, magnificus abbas successit Bernardus almificus gestis, præclaro famine grandis, et ut notum sit omnibus, fama super ethera felix, sermone ducum prægrandi germine celsus, quem principes Bernardus comes, et Eracleus episcopus, ac vicecomites Ramun Guarsia et Ramun Guillem, magna cum cuncta detergeret pessumdata ad pristinum recupere, consilio senum priscæ originis patrum accepto, circumiit lustrans linearia et superficilia cum motibus sibi duplicibus arva, et visio occurreret impeditionis, ut intuentes singularis motus soliditatis omnium intervallorum fuisset ad plenum cassata ejus inquisitio; volens enimvero secum sollicitus, timore primæ desolationis præsagus futurorum pessimus, pater jam prælibatus, ne potius plus justo damnandæ segnitiei inservientes, actu et servitio degeneres, animo imbecilles, ut solet esse acta gens stimulis omnino detestandæ ociositatis, negligendo acquisita, e contrario perderent, acquisitores minime existentes occulta silentio premerent, ac omnia magno primorum statuta bono atque disposita paulatim parvi pendendo ad nihilum redigerent, statuit omnia cedulis tradere quidquid videtur esse vinearum, pratorum, silvarum, camporum, proprium monasterio Sancti-Savini juxta hanc descriptionem.

Fuit quidam qui vulgo dicitur Guillaner. Ipse vero recte cum quondam Bernardo abbate habuit litem pro stivas et silvas quæ sunt in Caldarez, eo quod ipse diceret quia deberet colligere prædam pro se sine consilio abbatis vel monachorum. Ipso namque defuncto, eadem lis a filio supra memorati, qui dicitur Robertus, devenit cum Arnaldo, Willelmi Fortis filio. Quo defuncto abbate, successit alter venerabilissimus omnium, præclarus fide, potentior honore, qui dicitur Bernardus. Hæc eadem lis accidit inter illum et patris filium memorati, qui vocatur Robertus, dicta quorum infinita sunt. Sed clamor abbatis vel monachorum venit coram Bernardo comite, et pro jussu ejus fecit vicecomes Raymundus Willelmi, quod justo judicio judicatum erat, tandem quod fuit duellum. Quo finito, ipse victus abiit, et firmavit pro fidejussoribus, nomina quorum sunt hæc : Willelmus Gasan, de Cert, Arnalt Ariol, d'Ost, quo nunquam amplius vocarent se, nec ipse, nec filii, vel filiæ, vel ullus parentum illorum, si aliquis faceret, ipse auctor omnium existeret. Post hæc venit ipse anxiatus multis rebus, libenti animo, et dimisit in altari Sancti-Savini cum missale; monachi vero susceperunt illum in congregatione, caritatis causa.

Post hæc venerunt Tebaldus et Stephanus, duo fratres in Valletica, dederunt Sancto-Savino unum casale, ubi stant Assidat et Amerdaz, de

Sazos, filii Datels, pro amore Dei et redemptione animarum suarum.

Zius Willelmi, qui erat vicarius Valleticæ, dedit quidquid habebat, et quod dare poterat, videntibus Telbaldo et Petro, monachis, Otone filio suo.

Post hæc, quidam homo qui vocatur Anerius, de Grust, Sancto-Savino dedit unum casaletum de Comeds, ubi stabat nepos ejus Sancius mutus, et *frater 'fidam* (?) præsentia, Ramundus Dailla, Willelmus de Sobercasa, præsens, et *perusage* (? *sic*), et unus moritur, et alter vivificatur.

Fachil, soror Garsiæ Donati, de Sancto-Martino, dedit campos Sancto-Savino in Sazos, pro redemptione animæ suæ.

Post hæc dedit Raimundus Garsias Sancto-Savino unum casalem ad Sanctum-Vincentium in Belsen, juxta Bocyriam, pro amore Dei, vidente abbate Bernardo, et Johanne, monacho.

Willelmus Fuert, vicecomes, impetravit honorem de comite Bernardo, in villa quæ dicitur Balaias, de quo emit vir nobilis Sansanerius. Hic autem veniens ad conversionem dedit Beato Savino, post modum mole ægritudinis adgravatus, restituit eam Sancto-Savino, unde et acceperat et vestivit Bernardum abbatem, cum pódice, ita ut nec ipse, nec ullus ejus successor, amplius dicerent se esse dominum. Honoris autem nomina hæc sunt : Forga, Casalbo, Fonta, Castaneda; et in Silen, unam vineam quæ est juxta suam; et emit eam solidis viginti de Garsianer, de Ossu, et de Ramundo filio uxoris ejus; et in Marçaos unum prædium de honore Willem Arnalt, quod ipse in pignus tunc habebat pro centum solidis, donec ipse daret bona fide conventui.

Willelmus Fuert, de Gemas, et filia ejus, Faguel, dederunt unum rusticum in istos, et unum campum, sive unum nemus pomorum.

Willelmus Fuert, d'Aysac, dedit in pignus *lo Bassi de Lobos* ad consanguineum suum Santium Auriolum pro centum solidis; ipse autem abiens in Hierusalem dedit Sancto-Savino. Post modum ipse Willelmus Fuert accepit ab abbate Bernardo quindecim solidos, et firmavit quod nec ipse nec ullus ejus successor amplius quæreret eum, in altare Sancti-Savini cum missale.

Unus habens judicium Dei....., pro uxore sua dedit unum campum qui dicitur Arras, et dominus annueret eum.

Sansianer conversus dedit dominium de Burguorio Sancto-Savino, et si nepos Arnalt Sanz non erat nec liberos habebat, pratum proprium Beato Savino esset.

Arnalt Ariol, de Uz, requisivit quendam rusticum de Bor, Anerdat, pro nativitate. Illum ergo habuit Bernardus abbas, et concessit duos campos quos emerat ille rusticus de Arnaldo Ariol, et firmavit cum Sancto-Savino et abbati, ut nunquam vocasset pro naturali, dedit pro fidejussore Bernardo Willelmo; et si iterum requirebat dare, dedisset quinque solidos vicecomiti, et quinque abbati, et quinque rustico.

Anerdat emit unum casalem de Fortono, presbitero de Bor, et mutavit pro alio casale cum

Arnalt Ariol, de Bor, et vestivit Sanctum Savinum cum missale, dato supradicto fidejussore, et odor inde fuisset. Si autem abstraheret quinque solidos, daret quinque rustico vel abbati, et quinque vicecomiti.

Pro furno quem dedit vicecomes Fortaner Sancto Savino, abbas Garsias emit dominium de comite Lodoyco pro duobus equis.

Fecit Bernardus abbas duellum cum filiis Dat Lub, de Aspa, Job Dat, Aner Dat, Willelmus Dat, in justicia Centulli comitis, et annuente Deo, victi inde abierunt. Post ea pro Dei amore dederunt unum campum et equum, et firmaverunt pro fidejussoribus Lupo Garsia d'Areler, et Willelmo Carolo de Logajag, ut numquam appellarent ipsi nec aliquis de progenie. Si facerent, darent cl. solidos pro uno, et cl^e. solidos pro altero, Sancto-Savino vel abbati. Et sunt videntes Ramundus, Willelmus Garsia, Willelmus de Barbaza, et ego Arnalt Assi, d'Aspa.

v. 1064. — Valletici homines, clamaverunt eidem comiti pro valle quæ dicitur Caldarez, illa pars quæ est Ante-aquam, et inde similiter fuit duellum, victique ibi, sed amore Dei, impetraverunt unam estivam quæ dicitur Aril-campan, absque silva quæ subtus est, et ex ea caseos singulos dedit fixellarum, sed in silva non pascantur, tantum currendo prope descendant ad bordas quæ tunc ibi factae erant, et firmaverunt silvam cum ceteris silvis, ut numquam pascantur, pro fidejussoribus Aichelino de Vilar, et Garsia Donato de Sancto-Martino. Et si in silva mittebant voluntarie vel scienter, senior domus vel pastor major pecudum super altare Sancti-Savini jurent. Missam vero qui audierint accipiant tres seniores nobilissimos ad scalam, ut salvum ducatur et reducatur. Sin aliter juraverit, decem solidos Sancto-Savino vel abbati et justitiæ tamquam antea teneatur Si unus fidejussor obierit, alter in loco sufficiatur, et similiter et alter. Hoc bellum fuit cum hominibus de Sazos, de Sassis, de Grusf, de Visos. Videntes, Ramundus Garsias, vicecomes, Arramon Arnalt d'Arras.

Gason de Castaigne, dedit Deo et Sancto-Savino pro redemptione animæ suæ duos agros et unam vineam, in tali pacto quod si aliquis de sua sanguinitate heres habere voluerit, illos quinque solidis redimat.

III. Autre historique.

Manifesta res est et pene omnibus incolis Wasconiæ certissime notum monasterium Levitanense in honore sancti Savini a Raimundo comite Bigorrensi esse constructum, et de sibi pertinentibus prædiis in ipsa valle Levitanica longa manu ditatum. Nam inter cetera reperimus vallem Caldarensem, ubi nunc ecclesia Sancti-Martini, et ipsi balnei constructi videntur, jam dicto principe Deo et Sancto-Savino, ac succedentibus abbatibus et monachis esse delegatam; quanquam etiam per successiones temporum ab incolentibus locum legitime ac liberaliter sine inquietudine semper potestative posséssam. In tantum ut Bernardus abbas fultus consilio comitis Bernardi et roboratus auctoritate pontificali, videlicet venerabilis archiepiscopi Auscitani et Pontii Bigorrensium episcopi, ecclesiam Sancti-Martini domosque balneorum suis usibus aptas ædificaret, Johanemque monachum loco obedientiæ ibi manemdum constitueret, et quæcunque erant necessaria loco subministraret. Prius decessum erant jam dicti abbates, cum locum Sancti-Savini sine rectore maneret, et jussu comitis Centulli Massilienses advenirent, locumque potestati eorum subjiciens, non solum a rege Aragonensi, sed etiam a circumadjacentibus vicinis hostiliter debellarent, plebsque Levitanica, maximo vallis Caldarensis inimicorum timore perempti circumquaque disfugerent. Eo tempore, Willelmus et Ricardus de Solon, occasione accepta hujus debellationis, putantes reperiisse opportunum tempus, et inscitiam monachorum Massiliensium noviter advenientium, vendicantes sibi hereditatis jure vallem Caldarensem, invaserunt ecclesiam Sancti-Martini et balneos, et per unum annum injusto senioratum tenuerunt. Massilienses autem cumquæque prædia Sancti-Savini erant circunquaque studiose perquirentes, inter cætera et hæc reperissent, dum a supradictis invasoribus directum expeterent, nec impetrare valuissent. Ebrardus electus abbas comitem expetiit, depositaque querela exinde sibi facere justitiam debellavit. Tunc, definito consilio, in conspectu comitis, jussu ipsius a judicibus terræ bellum inde fieri dijudicatum ; quæ continuo inter utriusque peracta, cum nuncius

Sancti-Savini et monachorum cum vicissent, et suprascripti invasores cum nuncio suo victi manerent, peracta justitia, statim in conspectu comitis propria manu Deo et Sancto-Savino relinquentes quod male invaserant, in potestatem abbatis et monachorum, dederunt fidejussores, Ebrardum scilicet de Sancto-Pastore et Arnaldum Bernardum de Castello, ut ultra illum senioratum insuper scripta ecclesia, vel in balneis, nunquam requirerent ipsi, vel aliquis de semine vel natione eorum, vel si certe hæc agere præsumsissent quod quæsierunt vindicare non valeant, sed præmissis fidejussoribus, Sancto-Savino et monachis quinque solidos reddere studeant, totidemque potestati per justitiam exsolvant. Et hæc dimissio vel difinitio amodo vel jugiter in omnibus suam firmitatem obtineat; ac per hoc ut res in propriis redirent, et omnia in pace venirent, abbas et monachi suprascriptis Willelmo et Ricardo quinquaginta solidos denariorum publicæ monetæ libentissime tradiderunt. Interjecto autem tempore per hæc eo anno, quo christiana plebs fines Hispaniarum hostiliter attigit, veniens supradictus Willelmus una cum uxore sua Rossa, et amicis suis scilicet Bernardo Willelmo de Sancto-Pastore cum filio Ebrardo, et Arnaldo Willelmo de Bilsag, et Arnaldo Sans de Orot, et Otho de Balaïas, et Arnaldo Sans d'Adast, et Ricardo de Solon, et Arnaldo Willelmo d'Arcisas, bona voluntate et consilio amicorum suprascriptorum, dedit et vendidit Deo et Sancto-Savino seu abbati et monachis tam presentibus quam futuris illas duas partes quas habebat vel habere debebat per donationem vel per comparationem seu per qualecumque nomen in totas æstivas, vel in valle Caldarez, seu in ipso boscho et in tota padoentia ejus inculta et in eremo, in casaliis, vel in emparatione, seu in omnibus omnino rebus, quod nunquam ipse aut sui nec ulla posteritas ipsuis aliud aliquid habeat et requirat, nisi in quantum aliquis extraneorum vicinorum ibi quæsierit, aut possederit. Et ut hæc donatio seu venditio firma semper et inconcussa permaneat, manu propria super altare Sancti-Savini dimisit, et in potestate abbatis ac monachorum fidejussores tradidit scilicet Willelmum Ramundum de Balaias, et Arnaldum Sancii d'Adast, ut hæc firmiter teneant et in omni ævo fideliter conserventur; et pro hiis jam dictis Willelmus accepit potestatem abbatis ac monacorum in precio XXX^a solidos denariorum morlanensium et unam partem quindecim solidos.

IV. — Pascal de Saint-Savin.

Ecclesia de Lau, et ecclesia de Casted, et ecclesia de Balaias, et ecclesia de Arcisaas, et ecclesia de Adast, et ecclesia de Hus, et ecclesia de Nestalas, et ecclesia de Solon. Istæ nominatæ ecclesiæ sunt ex antiqua consuetudine ordinatæ et tutilatæ ad Paschale Sancti Savini, ita ut generaliter apud Sanctum-Savinum totum baptismum habeant, et sepulturam ibidem suscipiant, nisi fuerint infantuli, aut in tantum pauperrimi, quod non habeant qui eos illuc deferant. Verum, semper ex antiqua consuetudine, constitutum et confirmatum est ut istorum ecclesiarum cappellani cum parrochianis suis tam clericis quam laicis in Nativitate Domini ad nocturnas apud Sanctum-Savinum conveniant, et ibi ad celebrandas missas et ad communionem suscipiendam permaneant. Sed ipsi cappellani, lucescente die, ad ecclesias proprias, et propter pastores et familias minores domorum communicantes missas ibi celebrent. In purificatione autem Sanctæ Mariæ et in Ramis Palmarum jam dicti capellani in ecclesiis sibi commissis, finitis matutinis, missas non dicant, sed apud Sanctum-Savinum ad processiones et ad cetera percipienda officia cum parrochianis suis conveniant. In die Veneris Sanctæ ad adorandam crucem ad Pascale suum omnes pariter accedant. In die quoque Resurrectionis Domini matutinis et matutinali missa celebratis, et pauperibus et pastoribus communicatis, cum dominis domorum et moribus eorum ad missam majorem Sancti-Savini concurrant. In die Pentecoste similiter faciant. In festivitate Sancti Joannis apud ecclesias suas matutinas tantum dicant, sed ad celebrandas missas et ad solennia peragenda officia in ecclesia Sancti-Joannis pastores deferant. In Assumptione Sanctæ-Mariæ summo mane cum cleris et cæteris parrochanis ad matutinas celebrandas ad altare Sanctæ-Mariæ..... monachorum veniant, et missam similiter ibidem celeberrimo audiant. In festivitato Omnium Sanctorum similiter capellani et parrochiani alii ad missam majorem apud Sanctum-Savinum accedant, et in alia die post festum propter defunctos ad missam suscipiendam et cimiterium visitandum conveniant.

V. — Cauterets.

945. — Manifesta res est, ac pæne omnibus totius Wasconiæ incolis certissime nota, quod ego Raymundus Vigorritanus comes, meis peccatis exigentibus, Omnipotentis iram incurrere et Paradisi gaudia perdere timens, pro redemptione animæ meæ et parentum meorum, locum ubi sancti Savini corpus jacere sine dubio cognoscitur, de prædiis meis et aliis bonis quæ hæreditavi, et ut ibi monasterium et monachi sub abbate regulariter degentes in perpetuum dotarentur, satis, Deo auxiliante, laboravi. Inter cetera igitur bona quæ ibi diligenter concessi, vallem Calderanensem prædicto monasterio et monachis ibidem Deo servientibus dono et concedo, quatenus ibi ad honorem Dei et beati Martini convenienter edificent, et mansiones ad balneandum competentes semper in eodem loco conservent. Et vallem prædictam abbas et monachi Sancti-Savini liberam et quietam possideant, atque nullus alius, neque nos, neque successores nostri,

ibi potestatem atque padoentiam habeant, neque bestias suas qualescumque sint, nisi per consilium et voluntatem abbatis Sancti-Savini ad œstivas illius vallis introducant. Concedimus etiam in ipsa valle ut si quis porcum singularem sive cervum venando ceperit, quartam sive spadlarem Sancto-Savino persolvat, et per totum Paschale Sancti-Savini infra pontes similiter fiat. Insuper, ad luminaria Sancti-Savini butyrum, quod per illas totas œstivas censualiter accipiebamus, totum præfato monasterio concedendo dimittimus. Adhuc etiam, pro amore Dei omnipotentis, et tam pro nostra quam successorum nostrorum salute, eidem monasterio donamus et concedimus, ut si qua legis nobis pecunia pro placitis aut batalhis de prædicto monasterio nobis evenerit, neque nos, neque vicarius qui per nos in illa terra fuerit, nobis retineamus, sed ad honorem Dei et pro salute nostra super altare Sancti-Savini restituamus. Hanc itaque cartam et confirmationem, procerum et hominum nostrorum auctoritate, in manu Bernardi, tunc temporis Sancti-Savini abbatis, facimus ; regnante in Francia Lodoico rege, et in Aragone Garcia rege, anno ab Incarnatione Domini nongentesimo quadragesimo quinto.

VI. — Vier.

947. — Manifesta res est, ac pæne omnibus totius Wasconiæ incolis certissime nota, quod ego Raymundus, Bigorritanus comes, meis peccatis exigentibus, Omnipotentis iram incurrere et gaudia Paradisi perdere timens, pro redemptione animæ meæ et parentum meorum, locum ubi sancti Savini corpus jacere sine dubio cognoscitur, de prædiis meis et aliis bonis quæ hæreditavi, et ut ibi monasterium et monachi sub abbate regulariter degentes in perpetuum dotarentur, satis, Deo auxiliante, laboravi. Inter cetera igitur bona quæ ibi diligenter concessi, duos casales ex integro cum omnibus sibi adjacentibus, in villa quæ dicitur Biser, predicto monasterio, gravi infirmitate constrictus, dono et concedo quidquid habeo, vel habere debeo, ut abbas et monachi quiete habeant et possideant. Et si aliqua persona hoc donum eis auferre præsumpserit, facere non possit, sed duplicatum eis cum omni sua melioratione restituat; quod nisi fecerit, iram Dei omnipotentis, ut Dathan et Abiron, incurrat; hanc itaque cartam et hanc confirmationem in manu Bernardi, tunc temporis abbatis sancti Savini, facio, regnante in Francia Lodoico rege, et in Aragone Garcia rege, anno ab incarnatione Domini DCCCC. XLVII.

VII. — Beyrie ?

v. 1050. — Ego Arnaldus abbas sancti Savini, cum consilio et voluntate fratrum meorum, dividi unum casale in duas partes, quod Begaria dicitur, quatenus una pars teneret unum annum Begariam, et alia pars daret ipsum annum Sancto-Savino censum tres solidos. Transacto itaque anno, qui ipse dedit censum, per manum abbatis Begariam illam accipiat, et illo quidem qui tenuit Begariam illam predictum censum, ut dictum est, reddat. Et hæc mutatio semper intrante januario fiat et stabile semper permaneat. Testes sunt Bernardus de Arcisas, Ramundus de Adast, Geraldus de Adast, Petrus de Noalaa.

VIII. — Adast.

v. 1060. — In nomine Domini. Ego Guillelmus de Adast, in infirmitate positus, pro salute animæ meæ, reddo et offero corpus meum et animam Domino Deo et Sancto-Savino, ecclesiam de Adast, quam pater meus michi dimisit, dono et relinquo eidem beato Savino in manu Bernardi abbatis, ut in perpetuum monasterium Sancti-Savini et loci ejusdem fratres habitantes jure possideant. Ipse autem abbas eandem ecclesiam ad fidelitatem sancti Savini michi commisit, ut per manum ejus quantum vellet clavem ejusdem ecclesiæ tenerem. Quando vero ipse vel successores ejus eandem ecclesiam vel clavem illius recuperare vellent, libere et quiete suscipere quod suum est. Et sunt testes hujus testamenti sive donationis Bernardus abbas, in cujus manu hoc firmatum est, et Willelmus de Solon monachus, et Galcerandus monachus, et Willelmus Deschite monachus, et Bergon d'Arras, et Garsiarmau d'Alsag.

IX. — Agos.

v. 1083. — Arnaldus de Barbaza, veniens ad obitum mortis, dedit se sancto Savino pro monacho, et per obitum mortuæ uxoris illius, et dimisit sancto Savino et abbati et aliis fratribus partem quam ipse possidebat in ecclesia de Gos, libere et absque aliquo pignore. Testes, comitissa, Willelmus R[amund]i de Balays, Ramundus Arnaldi de Cosa, et Guillermus Arnaldi de Cosa, qui erant presentes et familiares, et multi alii.

X. — Agos.

v. 1083. — Ego Cornelia, uxor Arnaldi Guillelmi de Barbaza, dono Domino Deo et beato Savino, cum consilio et voluntate mariti mei

Arnaldi Guillelmi, medietatem totius abbatiæ ecclesiæ de Goz, libere et sine retentione, facta donatione in manu Ebrardi abbatis, presente capitulo. Familiares et confratres facti sumus ego et vir meus, ipsius monasterii sanctissimi confessoris Christi Savini, nos commendantes, in vita et in morte, ipsius defensioni et patrocinio. Hoc donum factum est Arnaldo de Laveda, Guillermo Bernardo de Son-Pastos, Bos de Benag, Ramundo de Billag, presentibus, et aliis nobilibus laicis.

XI. — Agos.

v. 1083. — In nomine Domini nostri Jesu Christi. Ego Arnaldus de Tors Domino Deo, et Beatæ Virgini Mariæ, et sancto Savino, dono et trado meipsum in servum et monachum, et uxorem meam, et duos filios meos, qui, peccatis nostris exigentibus, surdi et muti sunt. Et hoc facio in manus domini Ebrardi monasterii sancti Savini abbatis, propter me igitur, et uxorem meam, et duos filios supra dictos, ut ad salutem et remedium animarum nostrarum, Deo adjuvante, proficiat. Dono et trado omnipotenti Dei, et gloriosæ Virgini Mariæ, et monasterio sancto Savini, libere et sine aliqua retentione, in perpetuum, medietatem totius abbatiæ ecclesiæ de Gos, et insuper vineas meas, quasdam et terras, et unum casale quod dicitur Montosser. Ramundo utique de Bilsag, et Willermo de Ost, et Ramundo Arnaldi de Arcisanis, militibus; et Donato, presbitero de Gos, et Othone de Solon, et Garsia de Jes, et Fort de Salt, sancti Savini monachis, et aliis multis nobilibus viris, hujus factæ donationis testibus convocatis.

XII. — Leixivag, etc.

v. 1086. — In nomine Domini, ego Arnaldus Garsiæ dono Deo et sancto Victori martiri Massiliensi, et sancto Savino confessori, monasterii Levitanensis, et domino Ricardo, cardinali, et Ebrardo abbati, et omnibus monachis in predicto monasterio Levitano Deo militantibus, tam presentibus quam futuris, pro remedio animæ meæ vel parentum meorum, corpus et animam meam, et omne allodium meum quod habeo in comitatu Bigorrensi in loco qui vocatur Leixivag, qui mihi advenit per hereditatem et donationem parentum meorum; et in alio loco quem appellant Oleag, dono tertiam partem de casalario quod pertinet ad ecclesiam, et in ipsa ecclesia tertiam partem de decima, et tertiam partem de presbitero, quæ et similiter advenit michi per hereditatem et donationem parentum, et in alio loco qui vocatur Forga, in villa quæ dicitur Garderas, dono duos pagenses et meum casale; et hoc quidem advenit per hereditatem et donationem matris meæ; et in ipso eodemque loco dono alium casalem, quæ emi de Sancio Fort, pro quo dedi ei cavallum optimum. Hec autem omnia supradicta, quantum in predictis locis habeo vel habere debeo totum dono et transfero in potestatem Domini Dei, sancti Savini et sancti Victoris, martiris Massiliensis, et Ricardo cardinali, et abbati Ebrardo, et monachis, ita ut ab hac die et deinceps ipsi teneant et possideant, et quod voluerint facere faciant. Si quis autem contra hanc cartam donationis venerit ut inrumpat, non hoc valeat vindicare, sed insuper componat super eam auri libras quinque, ista carta stabili manente omni tempore. Facta hæc carta donationis. viii° idus marcii anno Incarnationis Dominicæ. м° LXXX° vi° indictione nona.

XIII. — Tosad.

v. 1100. — Ego Willelmus Lupus de Pressag, cum consilio et voluntate uxoris meæ Stephanæ et filii mei Odonis et aliorum, imprimis propter meipsum et uxorem meam predictam, deinde propter duos filios meos B. R. in villa quæ dicitur Tosad, in pleno sensu, in recta memoria, dono Domino Deo et monasterio sancti Savini et abbati Ebrardo et monachis ejusdem loci presentibus et futuris, duos casales cum omnibus pertinentiis suis cultis et incultis ita sane ut prædicti monachi de ipsis casalibus ex integro accipiant, habeant et possideant usque in finem sæculi libero et secure quidquid ex jure meo et ex casalibus accepi, habui et possedi. Et ullus ex heredibus meis illud donum quod ego facio non dissolvat aut invadat. Quod si quis temptaverit, nichil prorsus prævalet, sed nostra donatio firma semper et incorrupta permaneat. Facta est carta in presentia abbatis, et Arsenii, monachi, Forto V., Forto A., militum, Ramundi de Bilsag, Ramundi de Adast, Willelmi Ramundi de Balaias, Forto de Marsaos, Willelmi de Solon, Arnaldi de Lau.

XIV. — Azun.

v. 1100. — Quædam mulier, pro redemptione animæ suæ, concessit honorabili Savino patri ecclesiam in honore constructam sancti Martini episcopi vel sancti Joannis Baptistæ; quo peracto, accidit ut Bernardus, abbas, cæterique monachi devenirent ad altercationem cum abbatibus qui degunt in villa, quæ lingua materna dicitur Azu, per cimiterium, et quod aiebant non se deferri ad ecclesiam hujus predicti patris. Et victi, omnes adfuerunt per justitiam Eraclii episcopi, fideque jussores egressi sunt, nomina quorum in pagina perspiciuntur : Per Arrens, Sanz Dat de Bun, et Fortols de Marsaos, Per de Aucun, Gassanel de Bun, Assianer de Comet, Per Gaiagos, Dat Aner et Sanc Fort, faber de Aucun, Per Arcisans, Gazan, presbiter, et Aner Fort de Camp. Et si hoc non recte tenebant, et se abstrahere cupiebant, unus quisque

quinque solidos pro fidejussoribus de justitia quæ est in hac terra, et solidos quinque abbati Sancti Savini; et ultra hæc firmiter teneant; et ut sæpe inter amicos et parentes ex nihilo vel ex minimis contigit altercatio, ita beatissimi Savini dominum abbatem Bernardum contigit altercasse, et litem pro ea, ut dicitur, composuisse. Venit predictus vicecomes ad Sancti-Savini monasterium, et per eos qui secum venerant abbati mandavit ut ex querelis sibi exequeretur rectutidinem. Quibus Bernardus abbas respondit se minime velle injuriam facere, ita sæpe ab utrisque intuere mentibus ....
...Placitum ibidem incipit vicecomes per verba hæc: quosdam naturales suos viros et mulieres in honorem Beati Savini transfugisse, et quasdam terras sui juris in predicti monasterii pervenisse potestatem. Idem Bernardus abbas prosimile de suis adversus eum conquestus est. Tandem, lite interposita, hortantibus amicis, Dei et beati Savini amore, et ab abbate Bernardo quanta ambobus placuit accepta pecunia, vicecomes Ramundus Willelmi omnino suas derelequit calumpnias, ut nihilhominus quod obtinebat repetens, libro accepto, ad venerabilis Sancti Savini altare accedens, quidquid in illo die, in ejus sancti honore annumerabatur, ab se et suis heredibus ante altare librum tenendo nullam deinceps calumpniam promisit, et ex predictis beatum Savinum honoravit; presentibus abbate Bernardo, Sancio, Johanne, Benedicto, Virgilio, Poncio, monachis; et presentibus militibus Bernardo,

Willelmo Sancti-Pastoris, Arnaldo Willelmo de Bilsag, Arnaldo Willelmo de Galhagos, Bernardo Willelmo de Cera.

XV. — Nestalas.

v. 1100. — Willelmus de Solon molendinum super Caldarez in ea parte quæ adjacet Nestalas construxit, quod Sancto-Savino disparavit, et dimisit cum missali super altare, et manu sua firmavit in manibus dompni Ebrardi abbatis et monacorum Sancti-Savini, et omnia ad eum pertinentia de predicto molendino dedit, et nichil sibi retinuit, pro quo in precio quindecim solidos accepit. Et ut in omni jure suo pro se et pro omnibus hominibus vel feminis auctoritatem vel firmitatem propter quam hanc donationem calumpniam voluerint, sint fidejussores Bernardus Willelmi de Cera, et Willelmus d'Arras. Et si aliquis eorum mortuus fuerit vel alienatus, in loco ejus alium fidejussorem restituat. Et si hoc denegare voluerit, et probare fecerit, scilicet legem hujus parti inclusam, pro fidejussoribus persolvat et in animo firmiter teneat, et omnibus consanguineis suis firmare faciat hæc. Fidejussores ipsemet abbas, Garsias, Raimundus, Willelmus, Bernardus, Arnaldus, Sancius, Garsia de Jez, Vitalis, monachi, tenuerunt suis manibus.

XVI. — Adast.

1105. — In nomine Domini, ego Arnalt Sans d'Adast, pro redemptione animæ meæ et parentum meorum, offero Willelmum filium meum omnipotenti Deo et sancto Savino, in manu abbatis Ebrardi, pro fratre, pro servo, ut quandiu in hac vita permanserit, quasi bonus familiaris abbatibus Sancti-Savini diligenter obediat. Insuper propter ipsum et propter animæ meæ salutem dono et concedo ecclesiam de Adast, cum omnibus sibi pertinentibus, sicut ego hactenus et secure possedi, sic ab integro dono et confirmo sancto Savino et fratribus in ejusdem beati Savini monasterio in perpetuum manentibus. Videntes et audientes hujus donationis sunt monachi Garsia de Jes, Fort Guilhem de Solon, Arsenius de Baretge, Raimundus de Saleras, et laici Ramundus de Bilsag, Wilhem Aramon de Balaias, Ramon Arnalt d'Arcisas, et alii plures. Facta est igitur hæc donatio ab incarnatione Domini M° C° V°.

XVII. — Azun.

Av. 1127. — Est hæc carta de contentione quam habuerunt homines d'Azun cum abbate Sancti-Savini et monachis de cimiterio. In quodam enim tempore accedit quod quidam illorum, Calvet, filius, de Arrens, tunc mortuus est. Veruntamen ipsi in tanta perfidia permanserunt, quatenus renuerunt ipsum mortuum ad Sanctum-Savinum deferre, sed illud turpiter apud Marchaoz absque ecclesiastica lege, absentibus clericis, sepelierunt. Propter quod factum centum solidos domino Centullo comiti dederunt, et totidem abbati Sancti-Savini. Unde lis tanta et contentio inter abbatem et homines illos crevit, quatenus ad judicium ante dominum comitem et probos homines Lovitanicæ vallis pervenerunt coacti; et judicio victi de sepultura, prædictum mortuum jam fœtentem extraxerunt, et ad Sanctum-Savinum cum honore eum iterum sepelierunt. Ad ultimum vero ipsi devicti, videlicet Guillamota de Abbadia, et Alaman, et Aner Santz, et Guillelmus desepelirunt; et Garsia, frater ejus, et Forto frater ejus, necnon Arnaldus de Boeria, et frater ejus; isti prænominati ad Sanctum-Savinum et ad dompnum abbatem Guillelmun Stephanum, necnon et monachos prædicti cœnbii, cum sanctificatione venerunt, promittendo deinceps amicos Sancti-Savini esse, et fideliter secundum eorum posse. Itaque jurejurando propriis manibus junctis super altare sancti Savini juraverunt, quatenus si aliquis malum pro hoc cimiterio vel in aliis rebus in nobis faceret, ipsi in auxilio semper sunt. Quod si aliter facere præsumpserint, centum solidos comiti et centum abbati Sancti-Savini absque cessatione reddant. Quod factum est, stabile usque in perpetuum permaneat. Actum est hoc in presentia abbatis Willelmi Stephani, Willelmi d'Arcisas, et

Ramundi Arnaldi prioris, et Johannis de Lus, et Forto de Ner, et Vitalis de Adast, et omnis conventus, regnante in Bigorra Centullo comite. Testes Gasto de Casted, de Bern, bajulus, Donemo de Presag, Arnaldus Arci de Ost, Jordanus de sen Pasto, Bernardus de Arcisans, Arnaldus de Balanians, et alii multi proceres.

XVIII. — Lexivag.

1145. — Notum sit innumeris quod ego Bernardus de Barbasano quærebam fidejussores abbatibus Sancti-Savini, pro terris quas habent apud Loysivachum, quas terras Arnaldus Garsiæ quondam Sancto-Savino pro anima sua et parentum suorum reliquit et firmiter donavit, atque se monacum predicti cenobii fecit. Sed quoniam abbates ejusdem monasterii fidejussores conferre michi nolebant, ipsas terras potestati meæ subjugavi, et, sive juste, sive injuste, longo tempori possedi. Postea vero timore Dei, et beati Savini, et Raimundi ejusdem monasterii abbatis et aliorum assidua interpellatione multorum victus, easdem terras liberas, et dominium, et fidejussores quos exinde querebam, in manu predicti abbatis reliqui, et in manu comitissæ Beatricis feci. Et istius firmaturæ fuerant fidejussores Bertrandus de Marrenx et Petrus de Julaa. Hanc igitur firmaturam pro anima mea et parentum meorum ita firmam et stabilem in perpetuum facio, ut nunquam amplius ego, vel aliquis, vel aliquis de genere meo, aliquid dominium, vel fidejussores pro ipsis terris exigamus, sed eisdem terris et aliis Sancti-Savini negotiis amici et fidejussores existamus. Propter hoc igitur abbas predictus et conventus illius beneficiorum suorum participem me fecerunt, et insuper xl^a solidos morlanorum amicabiliter michi tribuerunt. Hujus firmaturæ vel hujus placiti sunt auditores et videntes Bernardus Bigorritanus episcopus, et Ramundus abbas, in cujus manu hoc firmatum, et Willermus de Arcisas miles, Willermus Affitarum miles, et Aner Sancius deus Ancles, et Aramon de Casamont, et Johannes de Aner, et alii quam plures. Facta est ista carta anno ab incarnatione Domini. M° C° XLV°.

XIX. — Cohitte.

v. 1145. — Arnaldus de Confita, cum esset monachus Sancti-Savini, diabolica fraude deceptus, cum quadam pecunia ablata furtim a monasterio recessit, et in Hispaniæ partibus longo tempore stulte permansit. Post multum vero tempus reversum Ramundus abbas jam dicti monasterii et fratres ejusdem loci noluerunt eum in societate recipere, nam male ab eis recesserat, et pecuniam sublatam monasterio non restituebat

Unde Bernardus de Confita, frater ejus, super fratre suo captivo verecundia et dolore pulsus, ad monasterium cum multis amicis suis accedens, quam pluribus effusis precibus, misericordiam impetravit, ut predictus frater in loco suo restitueretur. Ipse vero, quia caritatem invenit aliquantulam, quippe caritatem supra dicto monasterio, unam videlicet presentiam quam per singulos annos de Vitali de Balayes accipiebat, obtulit; istam quoque presentiam vel elemosinam Sancto-Savino, et ejusdem cœnobii fratribus in manu Emenonis abbatis concessit et firmavit, ut nullus de filiis suis, nec aliqua persona, huic elemosinæ contradiceret, sed firma et stabilis in perpetuum Deo et Sancto-Savino remaneret. Hoc factum est videntibus et audientibus monachis Gaucerano et Fortanerio de Orinclis, et Arnaldo de Arcisas, et alii quam plures.

XX. — Agos.

v. 1150. — Ego vero Cornelia, uxor Ramundi Garsiæ de Laveda, donationem medietatis abbatiæ de Goz, quam avia mea Cornelia uxor Arnaldi Guillelmi de Barbaza, monasterio sanctissimi confessoris Christi jam dudum fecerat, eamdem donationem laudo, approbante viro meo, in manu Emenonis abbatis, et confirmo super altari sancti

Savini, et super sacrosantis Evangeliis juramento corporaliter prestito ; Petro de Marça existente Bigorritano comite et Guillelmo Arnaldo episcopo.

XXI. — Cabanac.

v. 1150. — Notum sit universis tam presentibus quam futuris, quod Emeno abbas Sancti-Savini, cum consilio fratrum suorum terras de Cabanag, tam cultas quam incultas, quoadam concesserat et dederat Calveto de Castet, ad fidelitatem et servitium Sancti-Savini ; et tali conditione hoc fecerat, ut ipse Calvetus ibi casalem construeret aut cooperiret, aut per se aut filios suos, ad manendum ; et semper ad Natalem Domini daret censum quindecim panes et quindecim denarios et gallinam, et in Pascha agnum et fidejussores, ut semper fidelis et obediens Sancto-Savino de ipso honore permaneret. Post mortem vero illius, facto annorum intervallo, filia ejusdem Calveti nomine Beneta, quæ suscessit ei major in hereditate, cum marito suo Willelmo et cum aliis amicis veniens ad Sanctum-Savinum, rogavit ut sicut patri suo concessum fuerat, sibi et filiis et filiabus suis concederetur, et a Raymundo, tunc temporis abbate, et ab ejusdem monasterii fratribus prout rogavit, impetravit, et fidelitatem ac servitium et obedientiam, per se et filios et filias suas, et consum, sicut supra dictum est, promisit et confirmavit, et fidejussores fideles super hoc ut firmiter teneretur in manum

Ramundi abbatis donavit. Sed quia filii ejus erant parvi, multa supplicatione cum amicis suis rogavit, do cooperiendo ibi casale, trium annorum induciæ darentur, et hoc impetravit. Super hac concessione et donatione sunt videntes supradictus abbas Raymundus, et Arnaldus de Arcisas, et Garsias de Galhagos, et........ de Senelana, monachi, et Arnaldus d'Adast, et Petrus de Balaïas, et Petrus de Lub, et filius ejus Vitalis, sacerdos.

XXII. — Nestalas.

v. 1150. — Notum sit universis quod mihi Ezio de Nestalas Willelmus avunculus meus dedit unam terram quam habebat sibi propriam, et unum pratum similiter, et ita contulit michi ut haberem et possiderem, et ego et cuicumque vellem dare vel dimittere. Istam igitur terram et pratum jam dictum, et casale meum quod feci in terra et in communi totius villæ de Nestalas dono et concedo Sancto-Savino, sicut memet ipsum jam olim dederam, ita dono hæc predicta monasterio Sancti-Savini in manu Raymundi tunc temporis abbatis, in presentia omnium fratrum ejusdem monasterii, ut habeant et possideant, et faciant ibi quidquid placuerit, sicut in talibus casalibus utitur. Hoc igitur facto, fuit consilium et voluntas predicti abbatis, cum consilio fratrum, ut filiam meam in casale jam dicto mitterent, et unum hominem suum Pontium videlicet de Villalonga sibi maritum donarent, et constituerunt in ipso casale censum in unoquoque anno circa natale Domini presentiam, panem, et civatam, et denarios, et omne aliud servitium secundum possibilitatem casalis. Instrumentum vero predicti doni vel facti, quod postea constitutum est, sunt testes ipse Raymundus abbas, in cujus manu firmatum est, et Arnaldus de Arcisas, et frater ejus Geraldus, et Johannes de Laur, et Guilhem de Galhagos, et alii fratres monasterii, Petrus d'Adast, Ramundus de Begaria, et alii quam plures.

XXIII. — Nestalas.

v. 1150. — Notum sit universis, tam presentibus quam futuris, quod Ramundus abbas Sancti-Savini non valens destruere multas injurias et molestias quas faciebat Otho de Solon monasterio Sancti-Savini, et inter cæteras injustitias et nequitiam quam faciebat in Mola apud Nestalas, quæ longo tempore per centum fere annos ante tempus ipsum Sancti-Savini propria et libera fuit, jam dictus abbas comitissæ Beatrici proclamationem fecit, quæ prius acceptam clamationem, collectis judicibus, apud Silhen jussit venire predictum abbatem et Otonem de Solon ante se, a quibus, de jure fidejussoribus acceptis, de altercatione Molæ judicare fecit. Quod igitur judicatum fuit, ut abbas per signum prælii Molam supradictam ostenderet, et esse propriam et liberam Sancti-Savini, ita quod nec aliquis per eum injuriam non faceret Othoni aut alicui personæ. Hanc itaque prolatam sententiam abbas diligenter suscepit, et iterum datis in manu comitissæ fidejussoribus, judicium se completurum promisit. Otho autem non confidens de justitia sua, consilio bonorum hominum qui presentes erant, noluit contra Sanctum-Savinum prœlium suum exercere. Qua propter in manu comitissæ abbati et successoribus ejus firmavit, nec tempore sui ipsius, nec aliquis de posteritate illius, aliquid per debitum in predicta Mola requireret. Firmatores et fidejussores fuerunt super hujus modi Arnaldus de Silhen, Arnaldus Willelmi de Arras, qui hanc causam judicaverunt, Dodo de Benag, et Petrus de Astuga, et Ramundus Casamundi, et Bernardus de Arras.

XXIV. — Uz.

1157. — Ego mulier peccatru, nomine Gallardis, cupiens nequam fugere sæculum et adipisci regnum cœlorum, offero me et filiam meam Mariam omnipotenti Deo et sancto Savino, in manu Ramundi Sancti-Savini abbatis, in conspectu omnium ejusdem monasterii fratrum. Et promittimus ego et filia mea, obediéntiam et stabilitatem in ipso monasterio, sicut oportet et decet familiares et conversos. Post hæc igitur, honorem illum quem dederam filio meo Bernardo, quando copulavi eum matrimonio, et quem ipse, circa mortis suæ obitum ordinaverat Sancti-Savini cœnobio, ipsum honorem qui patrio jure michi successit, ego et filia mea, consilio et voluntate Raymundi filii mei, et aliorum amicorum nostrorum, donamus ac confirmamus Deo et sancto Savino et fratribus in predicto monasterio in perpetuo remanentibus. Hoc iste in villa quæ dicitur Hus habetur, casale videlicet de Paul, in quo duæ hominum continentur mansiones, et aliud parvum casale, quod appellatur Bartha, et una pecia terræ in territorio de Orod, quam appellant apud..... Istum honorem quem, ut diximus, Bernardus filius meus ordinaverat Sancti-Savini monasterio, quatenus ibi post mortem suam honorifice sepeliretur, et Deus omnipotens animæ suæ propitiaretur, nos quoque ergo ego et filia mea similiter donamus et confirmamus. Insuper ego predicta Galhardis dono adhuc pro anima mea et parentum meorum in supra dicta villa de Hus unam terram optimam quam appellant Campum rotundum. Hos igitur predictos honores ego et antecessores mei liberos et quietos inestimabili tempore tenuimus, et nemini pro ipsis cuiquam servivimus; set etiam corde sincero et optimo libere et quieto omnipotenti Deo et beato Savino et monachis predictis in perpetuum in ipso monasterio degentibus donando affirmamus. Facta est cartha ista mense Augusto, regnante in Bigorra

Petro de Marsiano et comitissa uxore ejus Benetrice, anno ab Incarnatione Domini M° C° LVII°. Testes hujus donationis sive hujus cartæ sunt Raimundus Sancti-Savini abbas in cujus manu hoc factum est, et Arnaldus de Arcisans, et Geraldus de Galhagos, et Arnaldus de Senclana, et Vitalis de Arcisans, et Ot de Solon, et Sans Anel de Adast, Bernardus Willermi de Sen-Pastos, et Petrus de Balayas et alii quam plures.

XXV. — Arras.

1158. — Licet cunctis seire fidelibus, quod duo venientes ad conversionem, semetipsos et suum casale quod habebant in villa de Arras, cum terris, et vineis, et arboribus, et omnibus sibi pertinentibus, pro animabus suis et parentum suorum, Domino Deo et sancto Savino, in manu abbatis Ebrardi, contulerunt, tali tamen conditione, ut teposes eorum et naturales de casali ipsum casale semper tenerent, et terras et vineas laborarent, et medietatem fructuum earum Sancto-Savino fideliter tenerent. Postea vero longo temporis transacto curriculo, quidam homo, Gasianer nomine, veniens ad casale illud accepit ibi uxorem inde naturalem; qui, cum jam ibidem longo tempore moratus fuisset, et terras ipsius casalis bene cognovisset, ipsarum terrarum fere medietatem in proprietate separatim laboravit, et de fructu ipsarum terrarum Sancto-Savino nihil reddidit. Quod cum injuste longo fecisset, a quibusdam bonis hominibus predictæ villæ Ramundo Sancti-Savini tunc temporis abbate declaratum est, qui hominem jam dictum de longa facta injuria impetravit, et cum ter vel quater ante judices placitavit; et tandem per imposita judicia, et per hominum notitiam bonorum devicit, et terras quas male sibi tenuerat ad commune liberavit, et de facta longa injuria aliquantula pecunia ipsum hominem damnavit. Quo facto, quasdam peciolas terræ, quas antecessores ipsius pro panare tenuerunt, ipsi homini concessit, ut ipsas sibi proprias teneat, et de aliis ad casale pertinentibus et de servitio constituto erga Sanctum-Savinum se habeat. Istæ terrarum peciolæ nominantur Asd, Sagarda, Socasas, Pulanha, Lafossa, Sospatia, Alpent. Anno ab Incarnatione Domini M° C° LVIII°, regnante in Bigorra Petro de Marzaa comite, et uxore ejus comitissa Benetriçe.

XXVI. — Silhen.

v. 1170. — Notum sit omnibus hominibus cartam legentibus quod ego, Petrus de Silen, et ego S., filius ejus, facientes nos, in capitulo coram fratribus et aliis multis, familiares et confratres monasterii Sancti-Savini, pro salute et remedio animarum nostrarum, talem convenientiam et talem donationem eidem monasterio facimus, ut unum campum cum prato et alias suas pecias de terra quas omnes ab ipso monasterio pro xc solidis in pignore tenebamus, post mortem nostram monasterium Sancti-Savini ab omni debito et obligatione nostra illa omnia libera et absoluta recuperet. Similiter quoque et quartam partem ecclesiæ de Silhen, quam ab A. Raymundo Deusdedit, abbate Sancti-Savini, nobis..... xxx° solidos redemimus, post mortem nostram, monasterium ipsum Sancti-Savini, omni occasione et contradictione cessante, liberam et absolutam eodem modo recuperet. Sciendum præterea, quod si ego Petrus præmoriar prius quolibet modo, renuntiem sæculo, sive filius S. præmoriatur prius, renunciet sæculo, dimidiam partem predicti honoris, scilicet terrarum et portionis ecclesiæ, cum fructibus etiam qui ipso tempore essent, alterutro nostrorum mortuo, debet statim monasterium Sancti-Savini, sicut diximus, recuperare. Post mortem vero utriusque, vel post sæculo renunciationem factam, debet totum ex integro memoratum monasterium Sancti-Savini sine contradictione aliqua, sicut diximus, recuperare, ac ita post mortem nostram, ut memoratum pignus terrarum et ecclesiæ liberum et solutum sine contradictione aliqua monasterium recuperet; utique nostrum manu propria et per sacramentum in capitulo Sancti-Savini firmavimus instrumentum, Arnaldi Willelmi de Arras, Forgassiæ de Arras, Bernardi de Arcisas.

XXVII. — Arras.

v. 1175. — In nomine Domini; notum sit presentibus et futuris quod Sancius abbas Sancti-Savini fecit et quæsivit questam ad casale de cella de Adast, pro terris de casali de la Guarda. Possessores illius casalis de cella dicebant se non debere dare questam pro illis terris, et composuerunt super hac questa cum abbate Sancio et cum omni conventu, et dederunt ei decem solidos, quod de cætero nec ipse abbas, nec conventus, nec successores eorum facerent nec quærerent questam in casali de cella, sed semper possessores illius casalis esse et libere absque questa in perpetuum pro terris de casalibus de la Guay d'Arras. Testes et fidejussores ejus..... sunt Ramundus Arnalt de Lugagnan, Garsias d'Arrenx, et Petrus Generensis, Bernardus de Adast, Deodatus de Solon, Fulco Peregrinus et omnis conventus, Ramundus de Begher, Bernardus de Beggaria, Oddo de Solon.

INDICES

1º INDEX ONOMASTICUS

Abbadia (Guillamota de). 25.
Adast (Arnaldus de). 30.
Adast (Arnaldus Sancii, *seu* Arnalt Sans d'). 10, 11, 24.
Adast (Bernardus de). 37.
Adast (Geraldus de). 16.
Adast (Guillelmus de). 16.
Adast (Petrus de). 31.
Adast (Ramundus de). 16, 21.
Adast (Sansanel d'). 34.
Adast (Vitalis d'). 26.
Adast (Willelmus, filius Arnalt Sans de). 24.
Affitarum (Willermus). 27.
Aïsag (Garslarmau d'). 16.
Alaman. 25.
Amerdaz, filius Datels. 4.
Ancles (Aner Sancius deus). 27.
Aner Santz. 25.
Aner (Johannes de). 27.
Anerdat. 6.
Anerila, vicecomes Levitaniæ. 2.
Anerius. 5.
Anermans, vicecomes Levitaniæ. 2.
Arcisanis (Ramundus Arnaldi de), miles. 19, 24.
Arcisanis (Vitalis de). 34.

Arcisans (Bernardus de). 16, 26, 36.
Arcisas (Arnaldus de), monachus. 28, 30, 31, 34.
Arcisas (Arnaldus Willelmi de). 10.
Arcisas (Bernardus de). *Vide* Arcisans (B. de).
Arcisas (Geraldus, frater Arnaldi de), monachus. 31.
Arcisas (Ramon Arnalt d'), laïcus. *Vide* Arcisanis (R. A. de).
Arcisas (Willelmus d'). 25.
Arcisas (Willermus de), miles. 27.
Areler (Lupus Garcias d'). 7.
Ariol (Arnaldus *seu* Arnalt). 4, 6, 7.
Arnaldus, abbas. 3, 16.
Arnaldus, monachus. 23.
Arnaldus Garsiæ. 19, 26.
Arnaldus, Willelmi Fortis filius. 4.
Arnalt Assi. 7.
Arnalt Sanz, nepos Sansianer. 6.
Arras (Arnaldus Willelmi de), *seu*.

Arras (Arramon Arnalt d'). 8.
Arras (Bergon d'). 16.
Arras (Bernardus de), 32,
Arras (Forgassias de). 36.
Arras (Willelmus d'). 23, 32.
Arrenx (Calvet, filius, de). 24.
Arrenx (Garsias d'). 37.
Arsenius, monachus, 21.
Assidat, filius, Datels. 4.
Astuga (Petrus de). 32.
Aucun (Per de). 22.
Auriolus (Sancius). 6.
Balaias (Otho de). 10.
Balaias (Petrus de). 30, 31.
Balaias (Wilhem Aramon *seu* Willelmus Ramundus de), laïcus. 11, 17, 21, 24.
Balayas (Petrus de). *Vide* Balaias (P. de).
Balayes (Vitalis de). 28.
Balays (Willelmus Ramundi de). *Vide* Balaias (W. A. de).
Barbasano (Bernardus de). 26.
Barbaza (Arnaldus de). 17.
Barbaza (Arnaldus Guillelmus de).
Barbaza (Cornelia, uxor A G. de). 17, 28.
Barbaza (Willelmus de). 7.
Baretge (Arsenius de), monachus. 24.
Beatrix, comitissa Bigorræ, uxor Petri de Marsiano, 26, 31, 34, 35.
Begaria (Ramundus de). 31, 37.
Beggaria (Bernardus de). 57

Begher (Ramundus de). 37. *Vide* Begaria (R. de).
Benag (Bos de). 18.
Benag (Dodo de). 32.
Benedictus, monachus, 22.
Benetrix. *Vide* Beatrix.
Bernardus, abbas. 2, 3, 4, 5, 6, 9, 14, 15, 16, 17, 21, 22.
Bernardus, Bigorritanus episcopus. 27.
Bernardus, comes Bigorræ. 2, 3, 4, 5, 9.
Bernardus, monachus. 22, 23.
Bernardus, filius Galhardis. 33.
Bernardus Willelmus. 6.
Bilsag (Arnaldus Willelmus de), miles 10, 23.
Bilsag (Ramundus de), laïcus *seu* miles, 18, 21, 24.
Boeria (Arnaldus de). 25.
Bun (Gassanels de). 21.
Bun (Sanz Dat de). 21.
Camp (Aner Fort de). 21.
Carolus major, rex Francorum. 2.
Casamont (Arramon de). 27, 32.
Casamundi (Ramundus). *Vide* Casamont (A. de).
Castaigne (Gasen de). 8.
Casted (Gasto de), de Bern, bajulus. 26.
Castello (Arnaldus Bernardus de). 10.
Castet (Beneta, filia Calveti de), uxor Willelmi. 29.
Castet (Calvetus de). 29.

Centullus, comes Bigorræ. 7, 9, 25 26.
Cera (Bernardus Willelmus de), miles. 23.
Comet (Assianer de). 21.
Confita (Arnaldus de). 27.
Confita (Bernardus de). 28.
Cosa (Guillermus Arnaldi de). 17.
Cosa (Ramundus Arnaldi de). 17.
Daille (Ramundus). 5.
Dat (Aner), rusticus, de Bor. 7.
Dat (Job). 7.
Dat (Willelmus). 7.
Datels. 5.
Dat Lub. 7.
Deschite (Willelmus), monachus. 16.
Deusdedit (A. Raymundus), abbas. 36.
Donatus, presbiter de Gos. 19.
Ebrardus, abbas. 9, 18, 20. 23, 24, 34.
Emeno, abbas. 28, 29.
Enecus, abbas. 2.
Eracleus *seu* Eraclius, episcopus Tarviensis. 3.
Fachil, soror Garsiæ Donati. 5.
Faguel, filia Willelmi Fuert. 6.
Fort, monachus.
Fortaner, vicecomes Levitaniæ. 2, 7.
Forto. 23.
Forto, presbiter de Bor. 6.
Forto A., miles. 21.
Forto V., miles. 21.
Fulco Peregrinus. 37.

Galcerandus, monachus. 25.
Galhagos (Arnaldus Willelmus de), miles. 23.
Galhagos (Garsias de), monachus. 30.
Galhagos (Geraldus de), monachus. 34.
Galhagos (Guilhem de), monachus. 31.
Galhardis *seu* Gallardis. 32. 32.
Garcias, rex Aragonis. 14, 15.
Garsia. 25.
Garsianer. 5 34.
Garsias, abbas, 7.
Garsias, monachus. 23.
Garsias Donati. 5, 7.
Garsias Fort (G.). 2.
Gasan (Willelmus). 4.
Gauceranus, monachus. 28.
Gazan, presbiter. 21.
Generensis (Petrus). 37.
Guarsiarnaldus, comes Bigorræ. 2.
Guillaner. 4.
Guilhelmus. 25.
Guillelmus Arnaldus episcopus Tarviensis. 29.
Guilhelmus Stephanus, abbas. 25.
Guillem Fort, vicecomes Levitaniæ. 2, 3, 4, 5.
Jes (Garsias de) *seu*
Jez (Garsia de), monachus. 19. 23, 24.
Johannes, monachus 5, 22.
Julaa (Petrus de). 26.
Lau (Arnaldus de). 21.
Laur (Johannes de), monachus. 31.

Laveda (Arnaldus de). 18, 28.
Laveda (Cornelia, uxor Raimundi Garsiæ de). 28.
Laveda (Ramundus Garsias de). 28.
Lodoïcus, rex Franciæ. 14, 15.
Lodoycus, comes Bigorræ. 2, 7.
Logajag (Willelmus Carolus de). 7.
Lub (Petrus de). 30.
Lub (Vitalis, filius Petri de), sacerdos. 30.
Ludovicus, comes Bigorræ *Vide* Lodoycus.
Lugagnan (Ramundus Arnalt de). 37.
Lus (Johannes de). 26.
Marça (Petrus de), comes Bigorræ. 29, 34, 35.
Maria, filia Galhardis. 32.
Marrenx (Bertrandus de). 26.
Marsaos (Fortets *seu* Forto de). 21.
Marsiano (Petrus de). *Vide* Marça (Petrus de).
Marzaa (Petrus de). *Vide* Marça (P. de).
Ner (Forto de). 26.
Nestalas (Ezius de). 30.
Noalaa (Petrus de). 16.
Orinclis (Fortanerius de), monachus. 28.
Orot (Arnaldus Sans de). 10.
Ost (Arnaldus Arci de). 19, 26.
Ost (Willermus de), miles.
Oto, filius Zii Willelmi 5.
Per Arcisans. 21.
Per Arrens. 21.
Per Galagos. 21.
Petrus, monachus. 5.
Pipinus, rex Francorum. 2.
Pontius, episcopus Bigorrensis. 9.
Presag (Donemo de). 26.
Pressag (Odo, filius W. L. de). 20.
Pressag (Stephana, uxor W. L. de). 20.
Pressag (Willelmus Lupus de). 20.
Raimundus, abbas. 26, 27, 29, 30, 31, 32, 34, 35.
Raimundus, comes Bigorræ, 2, 8, 13, 15.
Raimundus, monachus. 23.
Raimundus Garsias. 15.
Raimundus. 7.
Ramundus, abbas. *Vide* Raimundus.
Ramundus, filius uxoris Garsianer. 5.
Ramundus Arnaldus, prior. 26.
Ramundus Garsias *seu* Ramun Guarsia, vicecomes Levitaniæ. 2, 3, 8.
Ramun Guillem, vicecomes Levitaniæ. 3, 4, 22.
Raymundus, abbas. *Vide* Raimundus.
Raymundus, comes. *Vide* Raimundus.
Raymundus, filius Galhardis. 32.
Raymundus Willelmi, vicecomes Levitaniæ, *Vide* Ramun Guilhem.
Ricardus, cardinalis. 19, 20.

Robertus, filius Guillaner. 4.
Saleras (Raimundus de), monachus. 24.
Salt (Fort de), monachus. 19.
Sanc Fort, faber, de Aucun. 20, 21.
Sancius, abbas. 37.
Sancius, monachus. 22. 23.
Sancius, nepos Anerii. 5.
Sancius Fort. *Vide* Sanc Fort.
Sansanerius, vir nobilis. 5.
Sancto-Pastore (Bernardus Willelmi de), miles. 18, 34.
Sancto-Pastore (Ebrardus, filius B. W. de). 10.
Sansianer. *Vide* Sansanerius.
Savinus (Sanctus). *Passim*.
Senelana (Arnaldus de), monachus. 30, 34.
Sen-Pasto (Bernardus Willelmi de). *Vide* Sancto-Pastore (B. W. de).
Sen-Pasto (Guillermus Bernardus de). *Vide* Sancto-Pastore (B. W. de).
Sen-Pasto (Jordanus de). 26.
Silen (Petrus de). 35, 36.
Silhen (Arnaldus de). 32.
Sobercasa (Willelmus de). 5.
Solon (Deodatus de). 37.

Solon (Guilhem de), monachus.
Solon (Oddo *seu* Ot *seu* Otho *seu* Oto de), monachus. 19, 31, 32, 34, 37.
Solon (Ricardus de), 9, 10.
Solon (Rossa uxor Willelmi de). 10.
Solon (Willelmus de), monachus. 9, 10, 11, 16, 21. 23.
Stephanus. 4.
Tebaldus. 4.
Telbaldus, monachus. 5.
Tors (Arnaldus de). 18.
Vilar (Aichelinus de). 7.
Villalonga (Petrus de). 31.
Virgilius, monachus. 22.
Vitalis, monachus. 23.
Willelmus. 30.
Willelmus, monachus. 23.
Willelmus, avunculus Ezii de Nestalas.
Willelmus Forto. *Vide* Guilhem Fort.
Willelmus Fuert. *Vide* Guilhem Fort.
Willelmus Fuert, d'Aysac. 6.
Willelmus Fuert, de Gemas. 6.
Willelmus Garsia. 7.
Willelmus Stephanus, abbas. 25.
Willem Arnalt. 6.
Zius Willelmi, vicarius Valleticæ. 5.

2º INDEX GÉOGRAPHICUS

Abbadia, *nunc* Abadie (commune d'Avéran, canton d'Ossun). 25.

Adast (canton d'Argelès). 10, 11, 16, 21, 24, 26, 30, 34. 37.

Affitæ, *nunc* les Affites (commune de Lucq-de-Béarn, canton de Monein, — *Basses-Pyrénées*). 27.

Aisag, *nunc* Ayzac (canton d'Argelès). 6. 17.

Alpent, *peciola terræ apud* Arras. 35.

Ancles (les), *nunc* les Angles (canton de Lourdes). 37.

Aner (?) 37.

Anteaquam [vallis de], *nunc* vallée de Davantaigue (canton d'Argelès). 7.

Arago, *nunc* Aragon, province d'Espagne. 14, 15.

Aragonensis, *nunc* d'Aragon, Aragonais.

Arcisaas, *nunc* Arcizans (canton d'Argelès). 10, 11, 16, 19, 24, 25, 26, 27, 28, 30.

Arcisani, *vide* Arcisaas.

Arcisans, *vide* Arcisaas.

Arcisas, *vide* Arcisaas.

Areler. 7.

Aril Campan, *estica apud* Caldarez. 7.

Arras (canton d'Aucun). 6, 8, 17, 23, 32, 34, 36, 37.

Arrenx, *nunc* Arrens (canton d'Aucun). 25, 37.

Asd, *peciola terræ apud* Arras, 35.

Aspa [vallis de], *nunc* vallée d'Aspe. 7 (Basses-Pyrénées, arrondissement d'Oloron).

Astuga, *nunc* Astugue (canton de Bagnères). 32.

Auscitanus, *nunc* d'Auch. 9.

Aucun (chef-lieu de canton). 21.

Aysac, *vide* Aisac.

Azu, *nunc* Azun (canton d'Aucun). 24.

Azuu, *vide* Azu.

Balaias, *nunc* Balagnas, (canton d'Argelès). 5, 10, 11, 17, 21, 24, 26, 28, 30, 34.

Balanians, *vide* Balaias.

Balayas, *vide* Balaias.

Balayes, *vide* Balaias.

Balays, *vide* Balaias.

Barbasanum, *nunc* Barbazan (canton de Tournay *ou* de Tarbes sud). 7, 17, 26, 28.

Barbaza, *vide* Barbasanum.

Baretge, *nunc* Barèges (canton de Luz). 4, 5, 24.

Bartha, *casale apud* Hus, 23.

Bassi (lo) de Lobos, (commune d'Ayzac, canton d'Argelès). 6.
Begaria ? 16, 31.
Beggaria, 37.
Begher. 37.
Benag, *nunc* Benac (canton d'Ossun). 18, 32.
Belsen, *nunc* Beaucens (canton d'Argelès.) 5.
Bern. 26.
Bigorra, *nunc* Bigorre. 26, 33, 35.
Bigorrensis, *nunc* de Bigorre. 2, 8, 9, 13, 15, 27, 29.
Bigorritanus, *vide* Bigorrensis.
Billag *nunc* Vieuzac (canton d'Argelès). 18, 19, 21, 23, 24.
Bilsag, *vide* Billag.
Biser, *nunc* Vier (canton d'Argelès). 15.
Boeria, 25.
Boeyria. 5.
Bor, *nunc* Boo (canton d'Argelès). 6, 7.
Bun (canton d'Aucun). 21.
Burguerium. 6.
Cabanag, *nunc* Cabanac (canton de Pouyastruc).
Caldareus, *nunc* de Cauterets. 8, 13, 19.
Caldarensis, *vide* Caldareus.
Caldarez, *nunc* Cauterets (canton d'Argelès). 4. 7. 11.
Calderanensis, *vide* Caldareus.
Camp. 21.

Campus rotundus, *terra apud*, Hus, 33.
Casalbo, *nunc* Cazaubon (commune de Balagnas, canton d'Argelès). 5.
Casamont, 27.
Castagneda, *nunc* Castagnède, (commune de Balagnas, canton d'Argelès). 5.
Casted, *nunc* Castet, (commune de Lau, canton d'Argelès). 10, 11, 26, 29.
Castellum, *vide* Casted.
Castet, *vide* Casted.
Cell, *casale apud* Adast, 37.
Cera, *nunc* Sère (canton d'Argelès). 23.
Cert, *nunc* Sers (canton de Luz). 4.
Comed, *casaletum apud* Grust (canton de Luz). 5, 21.
Comet, *vide* Comeds.
Confita, *nunc* Cohite (commune de Beaucens, canton d'Argelès). 27, 28.
Cosa, *nunc* Cheze ? (canton de Luz). 17.
Fonta, *nunc* Honta (commune de Balagnas, canton d'Argelès). 5.
Forga, *nunc* Horgue (commune de Balagnas, canton d'Argelès). 5.
Forga, *casale apud* Garderas. 19.
Francia, *nunc* France. 14, 15.
Galhagos, *nunc* Gaillagos (canton d'Aucun). 23, 30, 31, 34.

Garderas, *nunc* Gardères (canton d'Ossun). 19.
Gemas. 6.
Generensis, *nunc* de Saint-Pé de Générest (chef-lieu de canton). 37.
Gos, *nunc* Agos (canton d'Argelès). 17, 18, 19, 28.
Goz *vide* Gos.
Grust, (canton de Luz). 5, 8.
Hierusalem, *nunc* Jérusalem. 6.
Hispania, *nunc* Espagne. 10.
Hus, *nunc* Uz (canton d'Argelès). 6, 11, 33.
Jes, *nunc* Gez (canton d'Argelès). 19, 23, 24.
Jez, *vide* Jes.
Julaa, *nunc* Juillan (canton d'Ossun). 26.
La Guarda, *casale apud* Adast (canton d'Argelès). 37.
Lau (canton d'Argelès). 11, 21, 31.
Laur, *vide* Lau.
Laveda, *nunc* Lavedan. 18. 28.
Lefossad, *peciola terræ apud* Arras (canton d'Aucun). 35.
Leixivag. 19, 26.
Levitanensis, *nunc* de Lavedan. 1, 2, 8, 9, 19, 25.
Levitanicus, *vide* Levitanensis.
Levitanus, *vide* Levitanensis.
Leysivachum, *vide* Leixivag.

Logajag, *nunc* Lugagnan (canton de Lourdes). 7 37.
Lub. 30.
Lugagnan, *vide* Logajag.
Lus, *nunc* Luz (chef-lieu de canton). 26.
Marça, *nunc* Marsan. 29, 34, 35.
Marçaos, *nunc* Marsous (canton d'Aucun). 5, 21, 25.
Marchaoz, *vide* Marçaos.
Marrenx. 26.
Marsaòs, *vide* Marçaos.
Marsianum, *vide* Marça.
Marzaa, *vide* Marça.
Massiliensis, *nunc* de Marseille. 9.
Mola, *apud* Nestalas (canton d'Argelès). 31, 32.
Montosser, *casale apud* Agos (canton d'Argelès). 18.
Ner. 26.
Nestalas (canton d'Argelès). 11, 23, 30, 31.
Noalaa, *nunc* Nouillan, (commune de Beaucens, canton d'Argelès).
Oleag, *nunc* Oléac. 19.
Orinclæ, *nunc* Orincles. (canton d'Ossun). 28.
Orod, *nunc* Ourout, (commune d'Argelès). 10, 33.
Orot, *vide* Orod.
Ossu, *nunc* Ossun (canton de Lourdes). 5.
Ost (canton d'Argelès). 4, 19, 26.
Palanha, *peciola terræ, apud* Arras (canton d'Aucun). 35.

Paul, *casale apud* Uz, canton d'Argelès). 33.
Presag, *nunc* Préchac (canton d'Argelès). 20, 26.
Pressag, *vide* Presag.
Sagarda, *peciola terræ apud* Arras (canton d'Aucun). 35.
Saleras, *nunc?* Salles (canton d'Argelès). 19, 24.
Salt, *vide* Saleras.
Sanctus-Martinus, *ecclesia apud* Cauterets (canton d'Argelès). 8, 9.
Sanctus-Martinus, *nunc* Saint-Martin (annexe de Viella, canton de Luz) 5, 7.
Sanctus-Pastor, *nunc* Saint-Pastous, (canton d'Argelès). 10, 18, 25, 26, 34.
Sanctus-Savinus, *nunc* Saint-Savin (canton d'Argelès), *passim*.
Sanctus-Victor Massiliensis, *nunc* Saint-Victor de Marseille (département des Bouches-du-Rhône). 19.
Sanctus-Vincentius in Belsen, *nunc* Saint-Vincent en Beaucens (canton d'Argelès). 5.
Sassis (canton de Luz). 8.
Sazos (canton de Luz) 5, 8.
Senelana, *nunc* Saint-Lanne (canton de Castelnau-Rivière-Basse). 30, 34
Sen-Pasto, *vide* Sanctus-Pastor.
Sen-Pastos, *vide* Sanctus-Pastor.
Silen, *nunc* Silhen (canton d'Argelès). 5, 31, 32, 25, 36.
Silhen, *vide* Silen.
Sobercasa, *nunc* Subercaze (commune de Jurançon, canton de Pau, département des Basses-Pyrénées). 35.
Sosocasa, *peciola terræ apud* Arras (canton d'Aucun). 35.
Solon, *nunc* Soulom (canton d'Argelès). 9, 10, 11, 16, 19, 21, 23, 24, 31, 34, 37.
Sospatia, *peciola terræ apud* Arras (canton d'Aucun). 35.
Tors 18.
Tosad. 20.
Uz, *vide* Hus.
Valletica, *vide* Baretge.
Valleticus, *nunc* de Barège. 7.
Vigorritanus, *vide* Bigorrensis.
Vilar, *nunc* Viella (canton de Luz). 7.
Villalonga, *nunc* Villelongue (canton d'Argelès).
Visos, *nunc* Vizos (canton de Luz). 8.
Wasconia, *nunc* Gascogne. 8, 13, 15.

ERRATA

P. i, l. 13, *Pierre Larcher*, corr. *Jean Larcher*;
P. vi, l. 19, *Christiania*. corr. *Christiana*;
P. ii, l. 14, *vice comites*, corr. *vicecomites*;
P, v, l. 24, *ad gravatus*, corr. *adgravatus*;
P. ix, l. 7, *manemdum*, corr. *manendum*;
P. ii. l. 7, *ipsins*, corr. *ipsius*;
P. ii, l. 26, *tutilatæ*, corr. *titulatæ*;
P. xviii, l. 23, *sancto*, corr. *sancti*;
P. xxii, l. 10, *rectutidinem*, corr. *rectitudinem*;
P, xxvi, l. 6, *sen Pasto*, corr. *Sen Pasto*;
P. xxvi, l. 18, *tempori*, corr. *tempore*;
P. xxix, ll. 11 et 12, *aut*, corr. *aut*;
P. xxxii, l. 21, *peccatrx*, corr. *peccatrix*;
P. xxxii, l. 22, *eupiens*, corr. *cupiens*;
P. xxxiii, l. 29, *quieto*, corr. *quiete*;
P. xxxiv, l. 18, *teposes*, corr. *nepotes*;
P. xxxv, l. 40, *liberavit*, corr. *restauravit*.

Tarbes. — Imprimerie E. Vinard.